mars 1900

12 Mars

COLLECTION

DE

M. LE BARON

Blanquet de Fulde

PARIS — 1900

COLLECTION

DE

M. le Baron Blanquet de Fulde

TABLEAUX MODERNES

PARIS — IMPRIMERIE GEORGES PETIT
12, RUE GODOT-DE-MAUROI, 12

CATALOGUE

DE

TABLEAUX MODERNES

PAR

BARON, BERCHÈRE, BERNIER, BILLOTTE, BONVIN, BOUDIN
BOULANGER, J.-L. BROWN, COROT
COURBET, DAUBIGNY, DELACROIX, DELPIT, DIAZ, J. DUPRÉ, HARPIGNIES
ISABEY, CHARLES JACQUE, LÉPINE, LHERMITTE
LONGUET, MADRAZO, MEISSONIER, PALIZZI, PLASSAN, ROYBET, SISLEY
A. STEVENS, TASSAERT, VEYRASSAT, VOLLON, ZIEM, ETC.

Composant la Collection de

M. le Baron Blanquet de Fulde

ET DONT LA VENTE AURA LIEU A PARIS

HOTEL DROUOT, Salle N° 6

Le Lundi 12 Mars 1900, à 2 heures 1/2

COMMISSAIRE-PRISEUR

Mᵉ PAUL CHEVALLIER

10, Rue Grange-Batelière, 10

EXPERTS

M. GEORGES PETIT	**MM. BERNHEIM JEUNE & FILS**
12, Rue Godot-de-Mauroi, 12	*8, Rue Laffitte, et Avenue de l'Opera, 36*

EXPOSITIONS

Particulière : Le Samedi 10 Mars 1900, de 1 h. 1/2 à 5 h. 1/2.
Publique : Le Dimanche 11 Mars, de 1 h. 1/2 à 5 h. 1/2.

CONDITIONS DE LA VENTE

La vente sera faite au comptant.

Les Acquéreurs paieront *cinq pour cent* en sus des prix d'adjudication.

Total 282 121

TABLEAUX

AVIGDOR

(RENÉ)

1 — *La Femme à la chevelure fauve.* 220

Signé à gauche, en haut.

Panneau. Haut., 65 cent.; larg., 54 cent.

BARON

2 — *Mélancolie.* 400

Signé au milieu, en bas.

Panneau. Haut., 33 cent. 1/2; larg., 25 cent. 1/2.

BERCHÈRE

3 — *Le Moulin à la Source.*

Signé à droite, en bas.

Toile. Haut., 69 cent. 1/2; larg., 49 cent.

BERNIER

(CAMILLE)

4 — *L'Étang.*

Un étang au milieu d'une clairière; à droite, les pieds dans l'eau, deux bœufs prennent le frais à l'ombre d'un arbre.

Signé à droite, en bas.

Toile. Haut., 38 cent.; larg., 59 cent.

BLIN

5 — *Le Sentier au bord de l'étang (Effet du matin).*

Signé à droite, en bas : 57

Toile. Haut., 40 cent.; larg., 31 cent.

BILLOTTE

(RENÉ)

6 — *Le Chemin de Fer de ceinture au boulevard Péreire.*

Le soir tombe, les becs de gaz s'allument : sous le pont, le chemin de fer avance : ses lanternes brillent comme deux yeux d'enfer. A droite et à gauche, au-dessus de la tranchée, ce sont les hautes maisons dont une lumière lunaire blanchit les façades.

Signé à droite, en bas.

Pastel. Haut., 46 cent. 1/2 ; larg., 65 cent.

Collection G. Feydeau.

BONVIN

7 — *Le Chaudron de cuivre rouge.*

Signé à droite, en bas.

Panneau. Haut., 9 1/2 cent. ; larg., 12 cent. 1/2.

BONVIN

8 — *La Bassine de cuivre jaune.*

Signé à gauche, en bas.

Panneau. Haut., 9 cent. 1/2 ; larg., 12 cent.

BOUCHÉ

9 — ***Pêcheur au bord de la Seine.***

Signé à droite, en bas.

Toile. Haut., 53 cent.; larg., 45 cent. 1/2.

BOUDIN

(EUG.)

10 — ***La Sortie du port, à Trouville.***

A droite et à gauche, les jetées sur lesquelles se promènent les baigneurs. Au milieu, les barques aux grandes voiles tendues. Ciel bleu avec des nuages blancs.

Signé à droite, en bas.

Panneau. Haut., 24 cent. 1/2; larg., 31 cent. 1/2.

BOULANGER

(GUST.)

11 — ***Le Bain.***

Dans l'atrium, autour de la fontaine que domine une Niké d'or, la patricienne, qui vient de faire ses ablutions, est aux mains de ses femmes pour sa toilette matinale. Déjà une esclave serre autour de sa gorge les bandelettes qui doivent amener la finesse de la taille. D'autres portent des étoffes blanches aux plis soyeux. D'autres présentent le miroir de métal où la jeune femme mire sa beauté.

Signé en bas, à droite et daté : *1867*.

Toile. Haut., 59 cent.; larg., 81 cent.

Collection Seguy.

BRILLOUIN

12 — ***Le petit pont de pierre.***

Signé à droite, en bas : *1880*.

Panneau. Haut., 16 cent. ; larg., 29 cent. 1/2.

BROWN

(J.-L.)

13 — ***Cavaliers sous bois.***

A travers bois, un cavalier en costume Louis XV, conduit trois chevaux. Sur le troisième cheval, gris pommelé, un petit chien se tient debout. A gauche, en bas, un chien noir le regarde. En avant, du même côté, deux autres cavaliers vus de dos, l'un en tunique rouge, l'autre en habit bleu, s'enfoncent sous bois.

Signé à droite, en bas : *1871*.

Toile. Haut., 41 cent. ; larg., 32 cent. 1/2.

BROOS

(J.-J.)

14 — ***Après le Duel.***

Signé à gauche, en bas.

Panneau. Haut., 24 cent. ; larg., 18 cent.

2

CASANOVA Y ESTORACH

15 — *Le Madrigal écouté.*

Signé à gauche, en bas, du timbre de la vente.

Haut., 32 cent. 1/2 ; larg., 20 cent.

CHEVILLARD

16 — *Un Abbé vu de dos.*

Dans la campagne. Où il y a de la gêne.....
Signé à gauche, en bas.

Panneau. Haut., 15 cent. ; larg., 10 cent.

Corot.

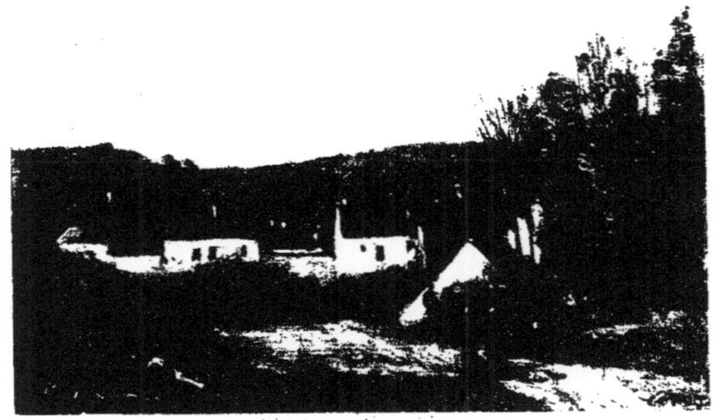

A Village.

COROT

17 — *Le Village.*

A gauche, un bûcheron est en train d'équarrir le tronc d'un arbre abattu; à droite, sur le chemin qui longe un bouquet d'arbres, une paysanne s'avance tenant une fillette par la main. Au fond, émergeant de buissons et de broussailles, on aperçoit les petites maisons d'un village aux fenêtres étroites, qui sont comme des yeux ouverts dans les murailles au crépi blanc. Au-dessus des toitures de tuiles grises, la ligne des collines se dessine, supportant le ciel nuageux.

Signé à droite, en bas.

Toile. Haut., 25 cent.; larg., 32 cent. 1/2.

COROT

18 — *La Rafale.*

A gauche, un chemin montant qui conduit à la mer. Une femme le suit, en jupe brune, corsage gris et coiffe rouge. A droite, de l'autre côté d'un arbre au tronc battu par le vent, on aperçoit les maisons des pêcheurs, puis, plus à droite encore, les mâts des bateaux à l'ancre, qui se dressent sous le ciel chargé de nuages gris.

Signé à droite, en bas.

Toile. Haut., 38 cent.; larg., 46 cent.

Collection G. Feydeau.

Corot.

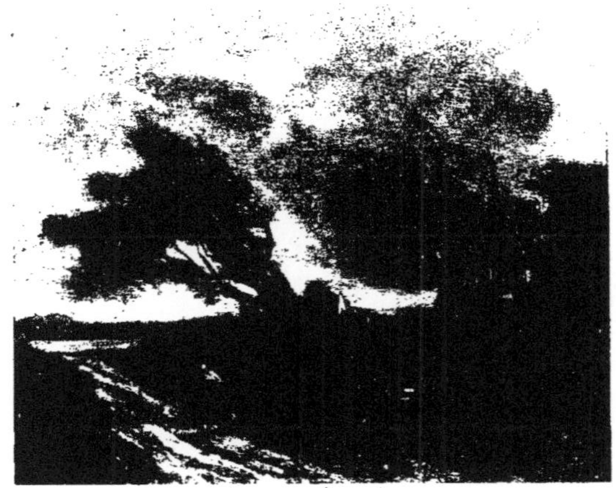

La Rafale

Corot

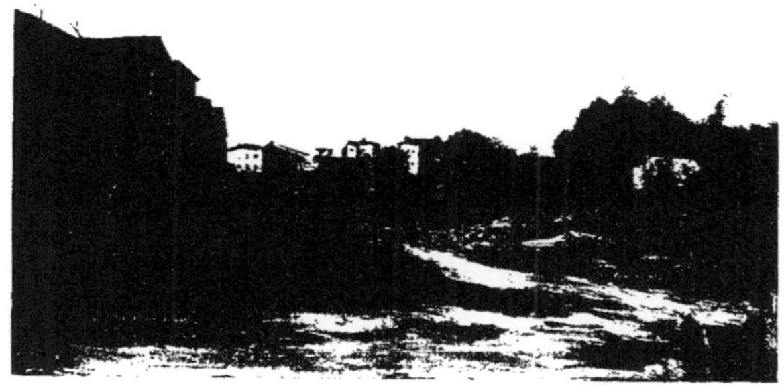

COROT

19 — *Mont-de-Marsan.*

A gauche. au sommet de la berge, le dos des constructions dans l'ombre.

A droite, la rivière à l'eau peu profonde, où deux femmes sont occupées à laver leur linge.

Du même côté, sur des plans plus éloignés, la berge se relève; le sommet en est occupé par une petite construction qui apparait encadrée dans les branches.

Au fond, au sommet d'un pli de terrain, de l'autre côté d'un coude de la rivière, un village, dont les maisons sont éclairées par le soleil.

Le ciel bleu est paré de beaux nuages blancs qui volent, légers.

Signé à gauche, en bas.

Toile. Haut., 35 cent. ; larg., 50 cent.

COURBET

(G.)

20 — *Les Casseurs de pierres.*

Sur la route, deux hommes en train de casser des pierres: l'un, coiffé d'un chapeau souvent battu par les averses, frappe le silex à coups de masse; l'autre est en train de porter un bloc.

Au fond, au sommet d'une colline, les maisons coiffées de tuiles rouges, sous un ciel bleu.

Signé à droite, en bas.

Original d'après nature sur lequel a été fait le grand tableau du même sujet, acheté par S. M. le Roi des Belges.

Toile. Haut., 45 cent.; larg., 64 cent.

Courbet. 9

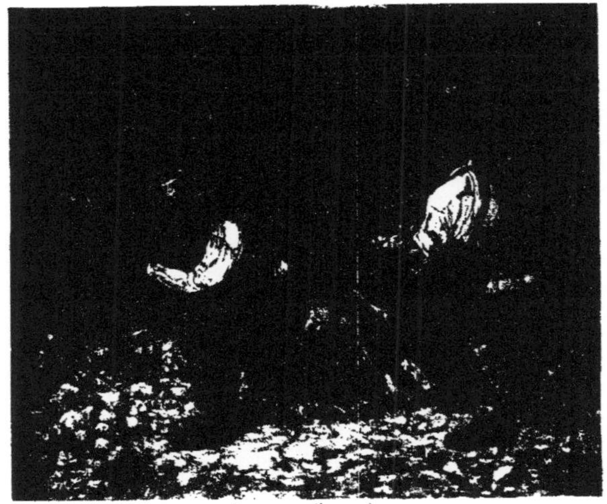

[illegible]

[illegible]

COURBET

G.

21 — *Chevreuil mort.*

Sur un sol en pente, un chevreuil mort, couché sur le flanc droit, la tête de profil à droite.

Signé à droite, en bas : *G. G., 57.*

Toile. Haut., 32 cent. 1/2 ; larg., 40 cent. 1/2.

DAUBIGNY

(CHARLES)

22 — *La Terrasse d'Andresy.*

A gauche, la berge qui monte en pente douce et que domine un bois de tilleuls touffus.

Au bas de la berge, une bonne femme en train de laver son linge, tandis que près d'elle des canards nagent parmi les roseaux.

Au fond, au-dessus des cimes d'arbres, on aperçoit des toitures de maisons et un clocher d'église.

A droite et au fond, des peupliers mirent dans la rivière leurs beaux panaches où s'abritent les nids.

Dans le ciel, les clartés chaudes d'un jour d'été.

Signé à gauche, en bas.

Panneau. Haut., 24 cent. 1/2 ; larg., 45 cent. 1/2.

Daubigny (Ch.)

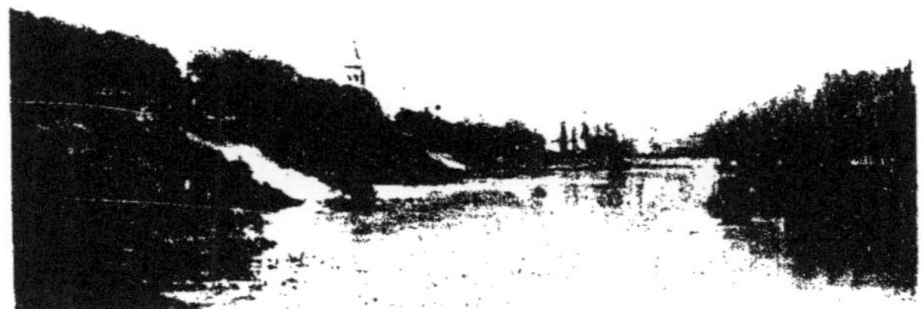

La [illegible]

DAUBIGNY

(CHARLES)

23 — *Dans la grange.*

Dans une grange dont la baie ouverte laisse voir un pan de ciel bleu, un âne chargé de son bât vient d'entrer.

Au premier plan, un paysan est assis sur une botte de paille. Une fillette s'appuie contre un banc, sur lequel une femme assise donne le sein à un enfant. La femme a les cheveux pris dans une coiffe rouge. Derrière la fillette, un chat s'avance.

Signé à gauche, en bas.

Panneau. Haut., 15 cent.; larg., 20 cent.

DAUBIGNY

(CHARLES)

24 — *Les Canards.*

Au fond de la vallée, le ruisseau serpente ; dans son eau claire, une bande de canards prend ses ébats. A droite et à gauche, le terrain se relève en des collines verdoyantes. A la base de chacune d'elles, quelques arbres alignés. Au fond, à l'horizon, une ligne de montagnes sous un ciel d'azur où planent de limpides nuages blancs.

Signé à gauche, en bas : *Daubigny, 1863.*

Panneau. Haut., 25 cent. 1/2 ; larg., 44 cent.

DELACROIX

25 — *La Mort de Botzaris.*

Un campement dans le désert. Auprès d'une tente, des hommes sont en train de lutter, les mains armées de yatagans. Deux sont déjà à terre, résistant désespérément aux coups que leur portent les adversaires. A droite, sortant de la tente, un homme debout va se porter à leur secours; un autre, couché et dans l'ombre, manifeste sa terreur. Au fond, sur le sol, un cadavre allongé, les bras levés dans un geste de suprême défense. Au-dessus des collines, au fond, un ciel sombre où s'allument des clartés d'incendie.

Toile. Haut., 79 cent.; larg., 99 cent.

DELPY

(C.)

26 — *La Seine après Mantes.*

Un matin d'automne. A l'endroit où la rivière dessine un tournant. A gauche, un massif d'arbres dont les feuillages rouillés se réfléchissent dans l'eau qui court. A droite, de l'autre côté d'un îlot planté d'arbres aux branches également jaunies, une colline dont la base borde la rivière et dont le sommet porte les maisons groupées d'un village; le clocher fin se dresse sur le ciel blanc où le soleil hésite à briller.

Signé à droite, en bas.

Toile. Haut., 42 cent.; larg., 69 cent.

Diaz N.

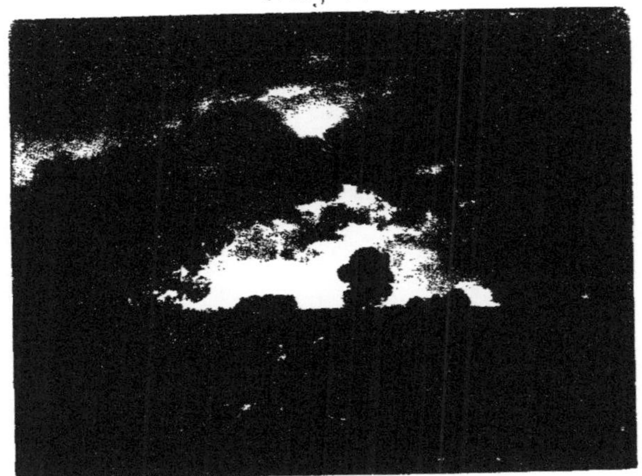

Crépuscule

DIAZ DE LA PENA

N.

27 — *Crépuscule.*

Le soir dans la campagne. A gauche, un bouquet d'arbres. Au milieu, un chemin que suit un chemineau accompagné de son chien. Sur le sol, à droite, une roche qui émerge des mousses. Dans le ciel assombri, une grande lumière irradie à l'horizon et, sur ce fond fauve, quelques arbres dessinent les masses touffues de leur cime.

Signé à droite, en bas.

Panneau. Haut., 27 cent.; larg., 35 cent.

Collection Wolff.
Collection du Toict.
Collection G. Feydeau.

DIAZ

28 — *Fleurs.*

Une gerbe de roses blanches et roses, de marguerites, d'œillets et de pivoines.

Signé à droite, en bas : *N. D.*

Panneau. Haut., 5 cent.; larg., 3 cent. 1/2.

Vente Tabourier, 21 juin 98.

Dupré J.

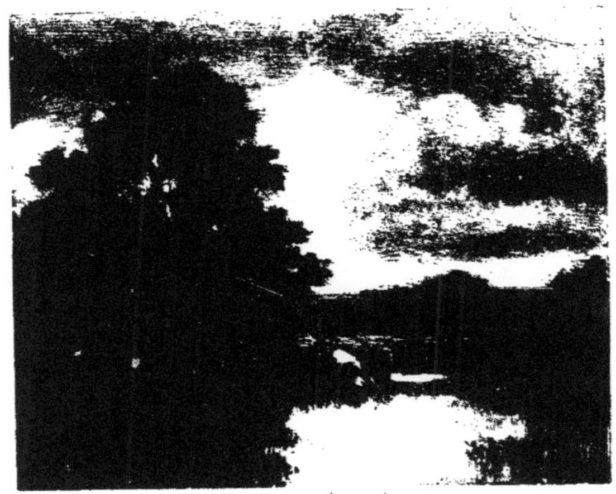

La Mare

DUPRÉ

(J.)

29 — *La Mare.*

A gauche, un bouquet d'arbres. A droite, en avant d'un pâturage, l'étang où trois vaches, dans l'eau jusqu'à mi-jambes, se rafraîchissent. C'est le soir. Dans le tissu des nuages, la lune est cachée : sa lumière rayonne cependant et fait papillonner de belles clartés sur le pelage des bêtes et à la surface de l'eau.

Signé à droite, en bas.

Panneau. Haut., 29 cent. 1/2 ; larg., 35 cent.

DUPRÉ

(J.)

30 — *La Passerelle.*

Au bord de la rivière, les maisonnettes s'élèvent avec leurs hauts toits de chaume. Devant elles une passerelle conduit à l'autre rive. Dans le ciel bleu profond, les grands nuages, brodés de lumière lunaire, laissent de chauds rayons filtrer jusqu'aux demeures pour dorer le crépi des murs bossués, dont les reflets frissonnent dans la profondeur de l'eau.

Signé à gauche, en bas.

Panneau. Haut., 42 cent. 1/2 ; larg., 62 cent.

Collection Ch. de Hele.

Dupré (9).

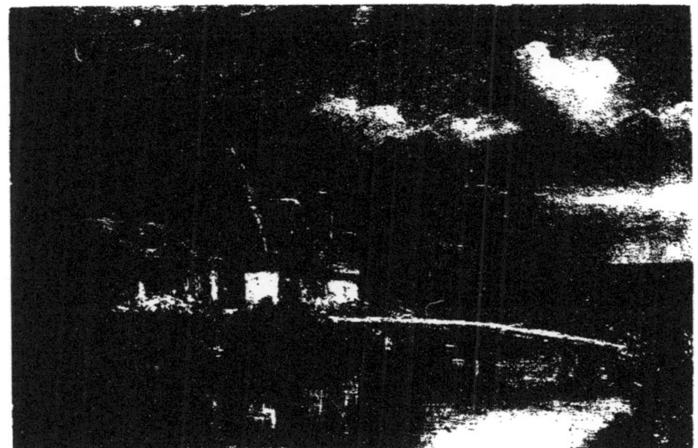

La Passerelle

ÉCOLE FRANÇAISE

31 — ***Enfant endormi.***

L'enfant, vu de face jusqu'à mi-corps, est endormi. Il serre, dans ses deux mains, des roses épanouies.

Panneau. Haut. 20 cent. 1/2 ; larg., 17 cent.

GLAIZE

32 — ***La Lecture.***

Un homme âgé assis, les mains croisées l'une sur l'autre; il est vêtu de bleu et porte une coiffe blanche. Il lit un journal. Derrière lui, debout et s'appuyant à son épaule, une jeune femme blonde lit également. Elle est vêtue d'un corsage rouge.

Signé en haut et à gauche du monogramme : *A. G.*

Carton. Haut., 9 cent. ; larg., 6 cent. 1/2.

GELHAY

(ED.)

33 — *Dans la Bibliothèque.*

Deux jeunes filles, l'une en rose, l'autre en jaune, en train de faire des recherches dans une bibliothèque aux boiseries peintes en gris. Sur la table déjà des livres nombreux sont sortis.

Signé à gauche, en bas.

Toile. Haut., 80 cent.; larg., 64 cent.

GUILLEMIN

34 — *La Remontrance.*

Signé à droite, en bas.

Panneau. Haut., 13 cent.; larg., 15 cent.

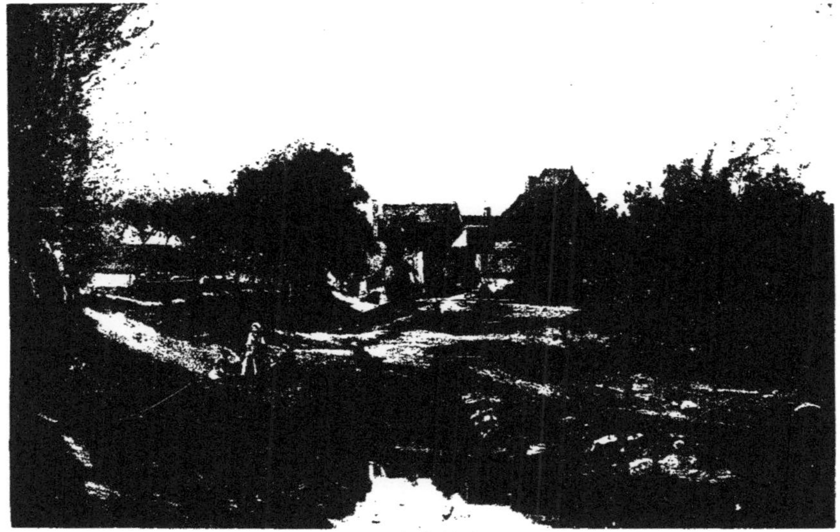

Entrée du Village

HARPIGNIES

35 — *L'Entrée du Village.*

A gauche, sur le bord d'une mare, une paysanne avec ses enfants assis sur le gazon. Du même côté, le terrain se relève et le point culminant est planté de deux arbres qui dressent leur panache feuillu sur l'écran du ciel chaud d'été. Derrière les enfants, le chemin du village s'amorce le long de la clôture d'un champ planté de quelques arbres, entre les branches desquels on aperçoit assez loin le toit d'une ferme. A droite, la rue tourne et s'enfonce, bordée à droite par les maisons du village au mur desquelles le soleil accroche de belles traînées de lumière. Plus à droite encore, dans les premiers plans, des buissons d'aubépines et d'églantiers dont les branches inférieures se mirent dans une mare.

Signé à gauche, en bas.

Toile. Haut., 64 cent.; larg., 1 m.

ISABEY

36 — *Après le duel.*

Dans un bois où les troncs d'arbres ont des torsions tragiques, des seigneurs en costume François II viennent de se battre en duel. L'un est couché sur le gazon, mort. D'autres sont autour de lui, debout, attristés. L'un, demeuré à cheval, s'incline devant le cadavre.

Signé à droite, en bas.

Panneau. Haut., 32 cent.; larg., 46 cent.

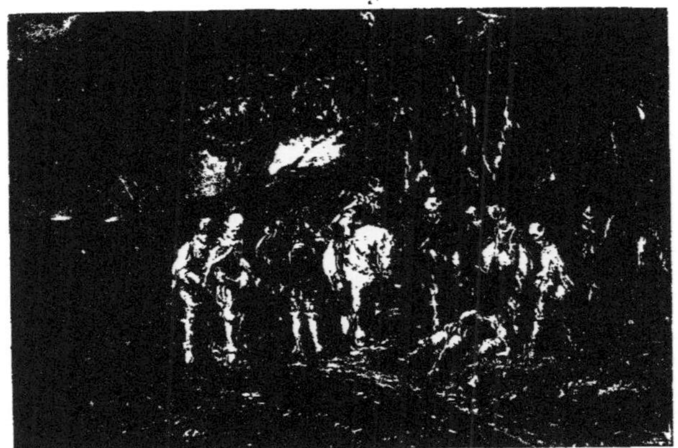

Isabey

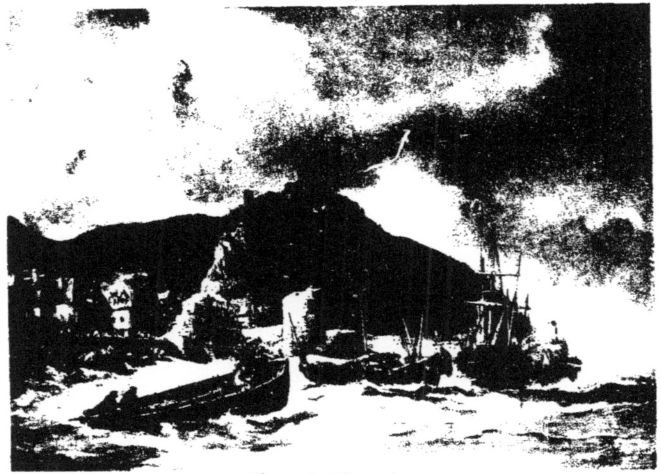

ISABEY

37 — *Gros Temps.*

Sur la mer agitée, des barques de pêcheurs vont gagner le large. A gauche, le petit village marin a construit ses maisons aux toitures de tuiles grises et semble défendu contre le flot envahisseur, par les roches qui se dressent sur le bord. Au milieu, au sommet de la falaise, le château-fort dresse, sur le ciel chargé d'orage, sa masse de pierre grise. A droite, dans un coup de lumière, le bâtiment d'un sémaphore.

Signé à droite, en bas : *1852*.

Toile. Haut., 53 cent. 1/2 ; larg., 72 cent.

Collection Desmarest.

JACQUE

CH.

38 — *Pâturage au bord de la Seine.*

Au bord de la rivière, qui dessine un coude, la bergère debout, appuyée sur sa canne, regarde paître un troupeau de moutons. A droite, le terrain se relève et le chemin qui menait à la berge s'enfonce dans l'épaisseur d'un bois aux grands arbres touffus. L'autre rive de la rivière est faite d'une campagne plane au-dessus de laquelle plane un ciel bleu largement ennuagé.

Signé à gauche, en bas.

Panneau. Haut., 34 cent. ; larg., 52 cent. 1/2.

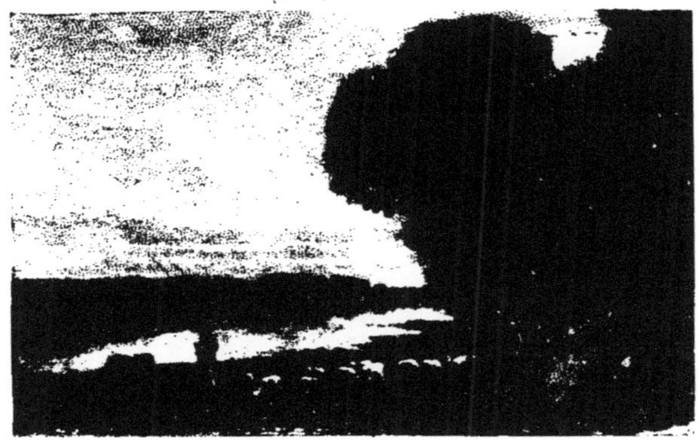

JACQUE

CH.

39 — *Le Poulailler.*

Près d'une mare, des poules et des canards. Au dessus d'un chaume, un poulailler, puis, comme fond, des arbres aux frondaisons vertes.

Signé à gauche, en bas : *Ch. J.*

Panneau. Haut., 12 cent. ; larg., 10 cent.

Collection E. Monteaux.

LA LYRE

40 — *La Esmeralda.*

Signé à droite, en haut.

Toile. Haut., 57 cent. ; larg., 54 cent.

LÉPINE

41 — *Le Pont de Sèvres.*

Le grand bras de la Seine à Billancourt. A droite, le quai et quelques maisons au soleil, dans un cadre de frondaisons vertes. A gauche, l'île toute plantée d'arbres. Une barque de pêcheurs, montée par trois hommes, traverse lentement le courant. Des canards nagent en bande à quelque distance. Au fond, un remorqueur traînant des chalands, puis le pont de pierre aux sept arches, dont la ligne se dessine sur le fond boisé des collines de Sèvres et de Saint-Cloud. Le ciel bleu, où le soleil envole de belles clartés blondes, se réfléchit dans le miroir frissonnant de l'eau.

Signé à gauche, en bas.

Toile. Haut., 50 cent.; larg., 89 cent.

Lépine

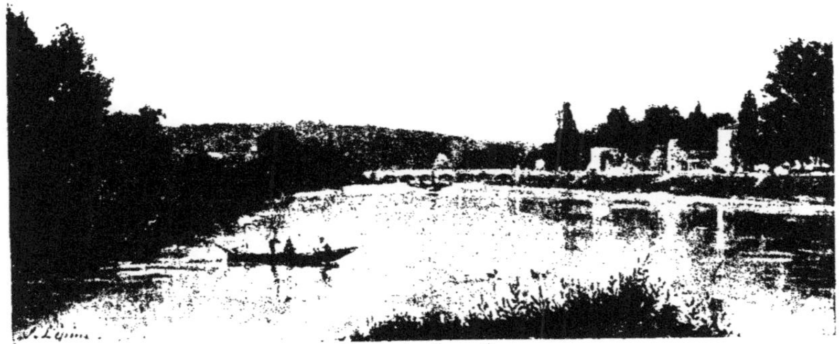

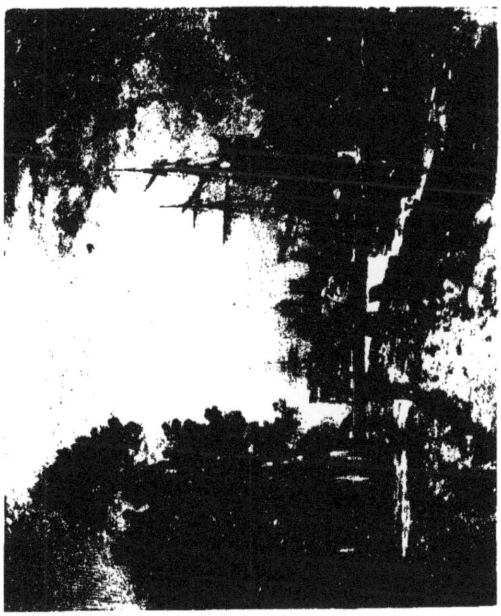

LÉPINE

42 — *Le Bassin à Caen.*

C'est le soir. La lune brille dans le ciel et fait paraître blafarde la petite flamme du reverbère allumé à gauche sur la berge du quai. Du même côté, tandis que des matelots reviennent de l'ouvrage, des hommes sont occupés à manier des poutres. A droite, un grand bateau est amarré, dont la coque est éclairée par les reflets qui viennent du ciel et de l'eau. Au fond, un autre bateau à l'ancre, puis la cheminée fumante d'un remorqueur, puis un pont que dominent les constructions de l'île, avec les maisons, un dôme, des clochers et des tours ; aux fenêtres s'allument quelques lumières. A droite et à gauche, des arbres sont plantés sur la berge du quai.

Signé à gauche, en bas.

Toile. Haut., 45 cent ; larg., 55 cent.

LÉPINE

43 — *Vue de Paris : Le Pont Sully.*

La Seine, à l'endroit où le pont Sully va rejoindre l'estacade. A gauche, sur la berge du quai, l'entrepôt des moulins de Corbeil. A droite, le long de la berge où deux enfants pêchent à la ligne, les chalands amarrés que décharge la foule des débardeurs. Au fond, la masse des maisons de l'île Saint-Louis, et plus loin, Notre-Dame, vue du chevet, dressant sa masse grise sous le ciel à la lumière tamisée par les nuages.

Signé à droite, en bas : *S. Lépine.*

Toile. Haut., 52 cent.; larg., 82 cent.

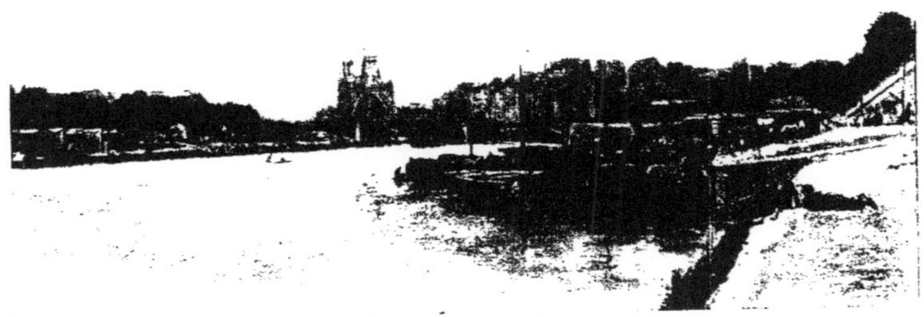

Lépine

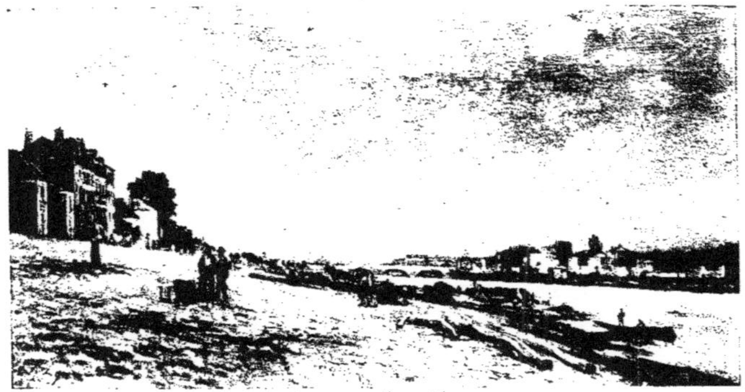

La Seine à Ivry

LÉPINE

44 — *La Seine, à Bercy.*

A gauche, au premier plan, la berge descend en pente douce jusqu'à la Seine. Deux débardeurs debout sont arrêtés devant une marchande de petit noir, agenouillée par terre.

Au sommet de la berge, dans la rue, passe un omnibus devant les maisons au crépi gris.

Sur la berge, au bas de laquelle sont amarrés des chalands, il y a des poutres et d'autres matériaux, que des chariots attelés de chevaux vont emporter. De l'autre côté de la Seine, les quais sont bordés de constructions serrées l'une contre l'autre.

Au fond, un pont de pierre.

Le ciel gris, qui menace d'une averse, est occupé par des nuages blancs ourlés de lumière.

Signé à gauche, en bas.

Toile. Haut., 57 cent. 1/2 ; larg., 65 cent.

LÉPINE

45 — *La Rue de l'Abreuvoir, à Montmartre.*

A gauche, un mur de clôture: à droite, les maisons; au milieu de la rue une femme et sa fillette arrêtées toutes deux et debout devant une marchande de fleurs accroupie près de son panier et leur montrant sa marchandise.

Au fond, la rue tourne, dessinée dans une tranchée de la colline, dont un mur de soutènement retient le terrain.

Signé à droite, en bas.

Toile. Haut., 41 cent.; larg., 33 cent.

Lépine

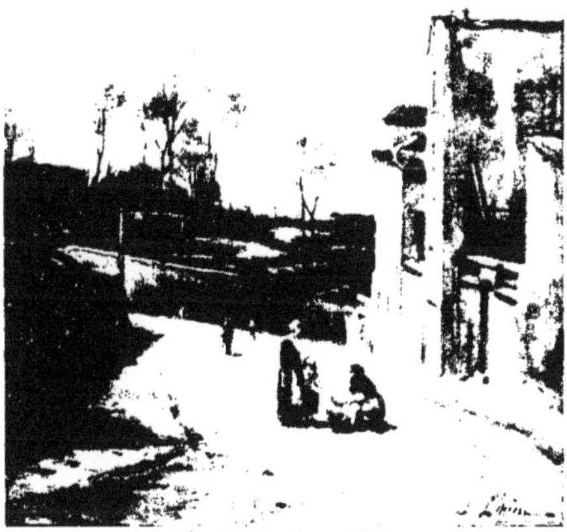

[illegible]

[illegible]

LÉPINE

46 — *La rue Saint-Vincent, à Montmartre.*

A droite et à gauche, de grands murs, un ciel gris, le sol couvert d'un épais manteau de neige ; de la neige également aux arêtes des murs des contreforts des toits : toute la partie droite est éclairée par un soleil blond d'hiver. Dans l'ombre, à gauche, une femme s'avance, portant un panier au bras droit : elle est vêtue d'un caraco noir, d'une jupe brune, d'un tablier bleu et coiffée d'un bonnet blanc.

Signé à gauche, en bas.

Toile. Haut., 35 cent. 1/2 ; larg., 26 cent. 1/2.

LÉPINE

47 — *La Place Saint-Germain-l'Auxerrois.*

A droite, l'église aux larges baies ogivales, puis la tour, puis la mairie du premier arrondissement.

A gauche, le long du trottoir ouaté de neige, un tramway Louvre-Vincennes en station, attelé de deux chevaux blancs. Les balayeurs et les piétons occupent la chaussée.

Signé à droite, en bas du timbre de la vente.

Toile. Haut., 45 cent. 1/2 ; larg., 31 cent. 1/2.

LÉPINE

48 — *Le Chemin de halage.*

Sur la droite, deux chevaux à l'encolure puissante font remonter le canal à un chaland lourdement chargé ; à gauche et à droite, des arbres aux frondaisons sombres s'enlèvent avec vigueur sur le ciel où la lune brille d'un éclat d'argent.

Signé à gauche, en bas.

Toile. Haut., 39 cent.; larg., 56 cent.

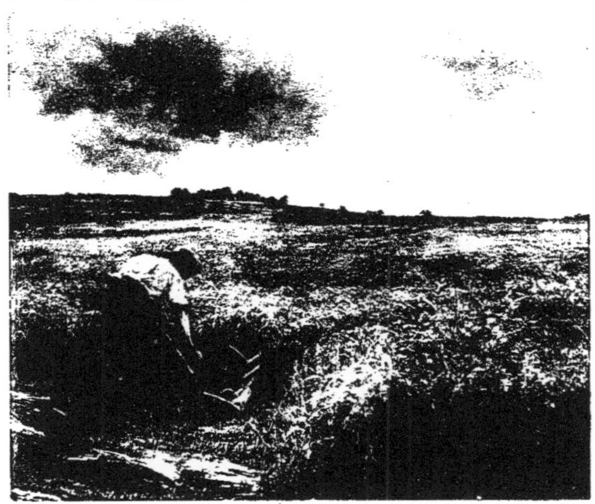

LHERMITTE

49 — *Le Faucheur.*

Les blés sont murs. Le champ est comme une plaine aux gerbes d'or sous le ciel gris. Le faucheur, vêtu d'un pantalon de toile bleue et d'une chemise blanche, coupe les tiges à grands coups de faux.

Au fond, la colline où se trouve planté un bouquet d'arbres.

Signé à droite, en bas.

Pastel. Haut., 47 cent. 1/2 ; larg., 52 cent. 1/2

Collection E. Monteaux

LONGUET

50 — *L'Amour désarmé.*

La Nymphe est assise sur un banc de verdure dans le bois. Elle est vêtue de blanc. Son épaule gauche est découverte. De sa main gauche, elle tient le carquois de l'Amour : de sa main droite, l'arc à la corde détendue. Sur ses genoux, l'Amour aux ailes blanches se hisse, caressant et perfide.

Signé à droite, en bas.

Panneau. Haut., 32 cent.; larg., 22 cent.

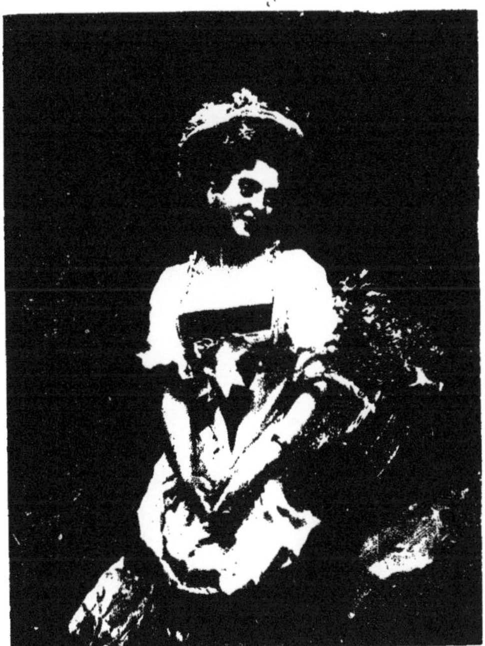

MADRAZO

51 — *La Bouquetière.*

Signé à droite, en bas.

Toile. Haut., 45 cent.; larg., 36 cent. 1/2.

MEISSONIER

52 — *Néra.*

Un basset griffon assis sur son arrière-train, vu de trois quarts à droite et de face, la tête levée. Il a le dos noir, l'extrémité des pattes jaunes, le poitrail et la tête blanc gris.

Étude de la chienne qui se trouve dans le *Portrait du Sergent.*

Signé à droite, en bas, du monogramme EM.

Panneau. Haut., 13 cent ; larg., 10 cent.

Vente Meissonier, n° 257.

PALIZZI

53 — *Le Passage du gué.*

Un troupeau de vaches traversant un gué.

A gauche, au fond, plus loin qu'un massif d'arbres aux frondaisons rouillées par l'automne, quelques maisonnettes dont les toitures de chaume émergent des broussailles. Ciel bleu, où planent de beaux nuages ambrés par le soleil.

Signé à droite, en bas.

Panneau. Haut., 14 cent.; larg., 19 cent. 1/2.

PLASSAN

54 — *Le Portrait.*

Une jeune femme debout en costume Louis XIII, corsage de velours bleu, robe de satin crème. Elle regarde avec émotion une miniature. Devant elle, une table couverte d'un tapis et portant un miroir. Sur le parquet, un petit chien blanc taché de noir, assis, lève la tête vers elle et la regarde attentivement.

Signé à droite, en bas.

Panneau. Haut., 1[illegible] cent. 1/2 ; larg., [illegible] cent. 1/2

PLASSAN

55 — *Tentation.*

Sur une table couverte d'un tapis, un flacon de cristal, un sucrier en porcelaine de Saxe, une fontaine de métal, et, sur une serviette chiffonnée, un gâteau. Au bas de la table, un chien blanc taché de jaune est assis. Il lève la tête et contemple le gâteau avec émotion.

Signé à gauche, en bas.

Panneau. Haut., 16 cent. ; larg., 11 cent.

ROYBET

56 — *Le Chevalier d'aventures.*

L'un des personnages, vêtu d'un haut-de-chausses gris et d'un pourpoint blanc à manches de soie brochée, est assis carrément, le haut du corps renversé au dossier de la chaise. Sa barbe touffue est encadrée de la fraise blanche au tuyauté souple. Il est coiffé d'un feutre noir à larges bords. Il appuie sa main gauche à la cuisse, le coude callé au dossier du siège et tient de la main droite un gobelet d'étain qui pose sur un coin de table. Il écoute attentivement un autre personnage, vêtu d'un pourpoint rouge à large col blanc rabattu, qui parle, la main gauche levée, au geste expressif, le coude sur la table. Sous le bras droit, ce personnage tient un luth. Dans le fond de la salle, une servante passe, apportant un plateau chargé de boissons. A droite, deux autres personnages debout écoutent le récit. L'un vêtu de bleu sombre et coiffé d'un large feutre, l'autre tenant son feutre gris à la main et portant son mousqueton sur l'épaule droite et vu de profil : il est vêtu d'un pourpoint broché sur lequel est nouée une large ceinture bleue. Il a une lourde épée au côté. Derrière lui, par une porte ouverte, pénètre un rayon de soleil. Au bas de la table, au premier plan, deux cruchons de grès raffraîchissent dans une bassine de cuivre à godrons.

Signé à droite, en bas : *1875.*

Panneau. Haut., 91 cent. ; larg., 70 cent. 1/2.

Collection Dansaert.

Roybet

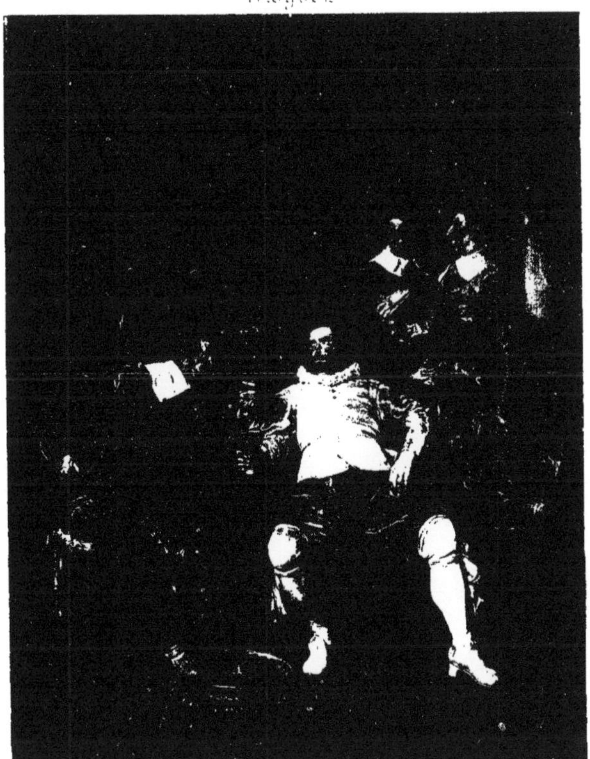

Procédé et Imp. Georges Petit

Le Chevalier d'Aventures

Sisley

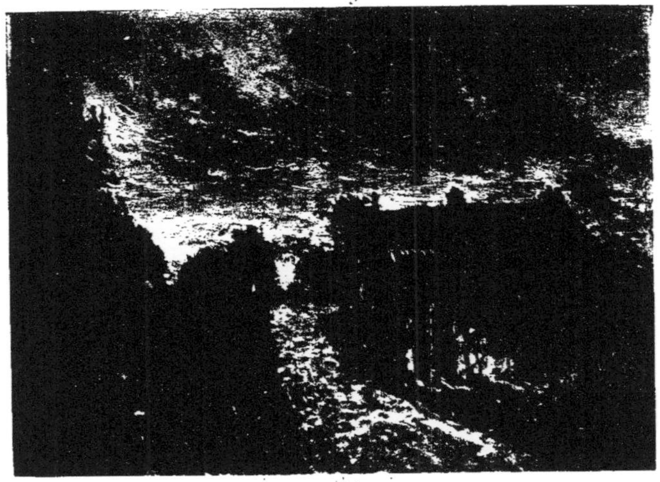

SISLEY

57 — *Un Chemin à Louveciennes.*

A droite, le chemin qui monte le long des maisonnettes et des murs de clôture des jardins. A gauche, un mouvement de terrain, dont la crête est occupée par un mur, de l'autre côté duquel on aperçoit les grands arbres d'un parc. Au fond, une allée bordée d'arbres : puis le ciel, le ciel où le soleil couchant allume sa gigantesque féerie de vieux ors, de gemmes scintillants et de traînées de feu !

Signé à gauche, en bas.

Toile. Haut., 48 cent. ; larg., 63 cent.

SISLEY

58 — *Une rue à Moret, en hiver.* 6 ...

A gauche, l'église; à droite, un mur de clôture. Au milieu, la rue, dont la chaussée est dessinée dans l'épais linceul de neige. Des hommes et des femmes y circulent. Au fond, sous le ciel gris où le soleil allume quelques clartés fauves, les maisons avec leurs toitures ouatées de blanc.

Signé à droite, en bas.

Toile. Haut., 46 cent., larg., 55 cent.

Sisley

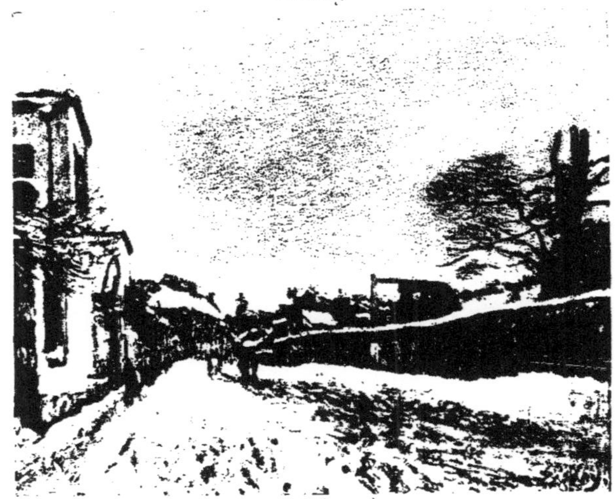

SISLEY

59 — *Le barrage du Loing, à Saint-Mammès.*

C'est en amont du barrage. A droite, de l'autre côté de la rivière, les maisons aux toitures de tuiles rouges, puis un bois. Sur la rivière, au fond, on aperçoit toute la flottille des chalands amarrés. A gauche, à l'extrémité du barrage, deux hommes debout sont arrêtés et causent. Au premier plan, du même côté, un sentier séparé de la rivière par quelques buissons. Dans le ciel d'azur, quelques beaux nuages blancs bordés de reflets chauds.

Signé à gauche, en bas : *85*.

Toile. Haut., 38 cent.; larg., 35 cent.

STEVENS

(ALFRED)

60 — *L'Attente.*

L'heure fuit : seule, au coin du feu, dans son salon, une jeune femme, vue de profil à gauche et assise, attend et semble s'impatienter. Devant elle, sur une chaise, il y a un encrier et des papiers, brouillons commencés, que l'angoisse autant que l'espoir empêchent d'achever. Le regard demeure attaché sur la porte ouverte, au fond de la pièce, à gauche. Près du mur, au fond également, mais à droite, il y a un piano à queue. Des tableaux sont accrochés contre les tentures. Une large glace, ornée de chaque côté d'une applique Louis XV à trois bougies, réfléchit la fenêtre ensoleillée.

Signé à gauche, en bas.

Toile. Haut., 54 cent. ; larg., 65 cent.

Exposition de l'œuvre d'Alfred Stevens à l'École des Beaux-Arts, 1900.

Stevens

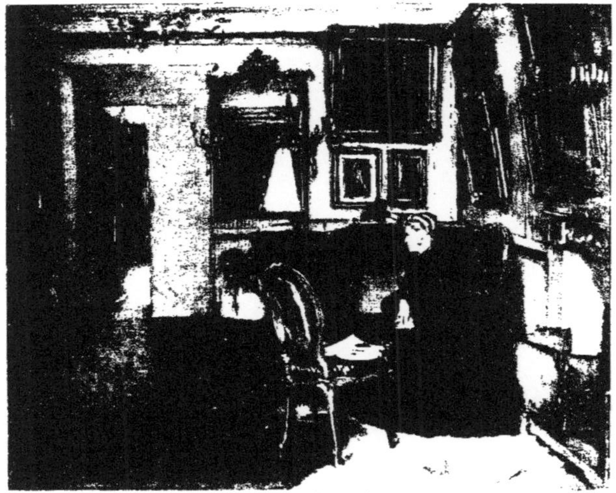

VEYRASSAT

61 — ***Les Ramasseuses de varech.***

Au bord de la mer, à l'instant où le flot se retire, un lourd chariot attelé de quatre bœufs et qu'un homme et une femme sont occupés à charger d'herbes marines. Le ciel est tout strié des grands rayons fauves du soleil couchant. Dans le nuage, un vol de mouettes.

Signé à droite, en bas.

Panneau. Haut., 20 cent.; larg., 39 cent.

VOLLON

A.

62 — ***Fleurs et Fruits.***

Dans un vase à monture de bronze, une gerbe de fleurs : glaïeuls, géraniums, dahlias. Près du vase, un coing et deux figues.

Signé à droite, en bas : *A. Vollon.*

Toile. Haut., 72 cent.; larg., 53 cent. 1/2.

VOLLON

(A.)

63 — *Pivoines dans un vase.*

Dans le vase à panse ronde, une gerbée de pivoines rouges épanouies.

Signé à droite, en bas.

Toile. Haut., 81 cent.; larg., 101 cent.

WALKER

64 — *Le Boule-dogue.*

Signé à droite, en bas.

Toile. Haut., 27 cent.; larg., 35 cent.

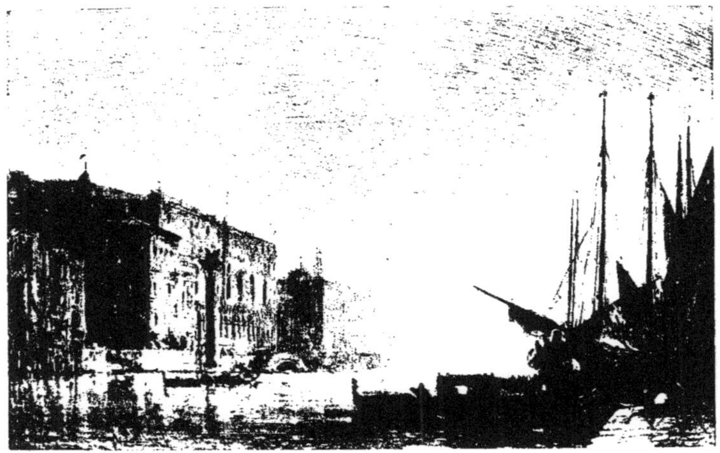

ZIEM

65 — *Le Palais des Doges, à Venise.*

A gauche, dans la poussière d'or du soleil qui se lève, le palais et les autres constructions qui bordent le canal. Une gondole s'éloigne du bord. A droite, d'autres gondoles vont prendre le large et des bateaux, aux larges voiles à demi tendues, sont amarrés. Le ciel est blond et diaphane.

Signé à droite, en bas : *F. Ziem.*

Toile. Haut., 54 cent.; larg., 74 cent.

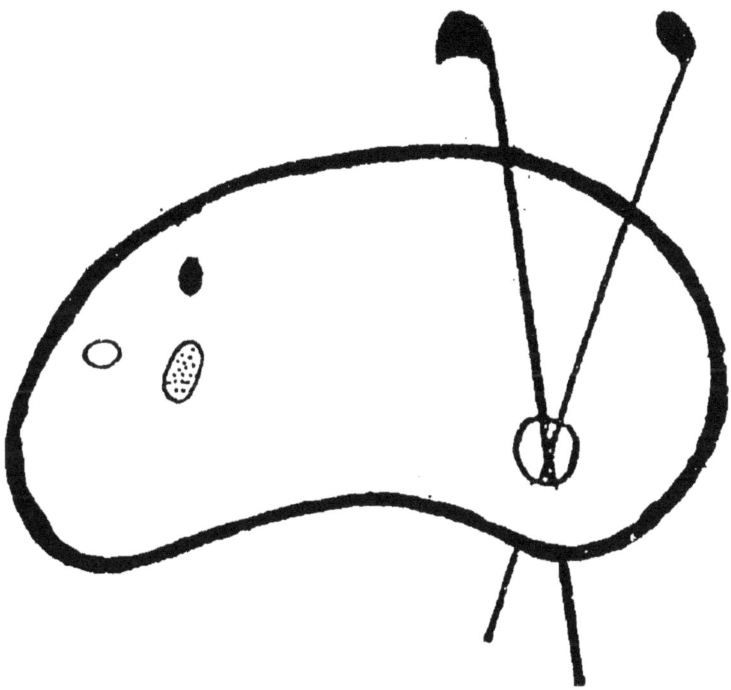

DEBUT D'UNE SERIE DE DOCUMENTS
EN COULEUR

Collection de M. le Bon BLANQUET de FULDE

TABLEAUX MODERNES

Carte d'Entrée à l'Exposition Particulière

HOTEL DROUOT, Salle N° 6

Le Samedi 10 Mars 1900, de 1 heure 1/2 à 5 heures 1/2

COMMISSAIRE-PRISEUR :

Me PAUL CHEVALLIER, 10, Rue Grange-Batelière

EXPERTS :

M. GEORGES PETIT
12, rue Godot-de-Mauroi

MM. BERNHEIM Jeune et Fils
8, r. Laffitte av. de l'Opéra, 36

www.ingramcontent.com/pod-product-compliance
Ingram Content Group UK Ltd.
Pitfield, Milton Keynes, MK11 3LW, UK
UKHW031857260826
14628UKWH00002B/826

9 782329 511245